# AUX

# MINISTRES

## ANGLAIS.

### PAR LE DUC D'ABRANTÈS.

Jamais en France,
Jamais l'Anglais ne régnera!
(CASIMIR DELAVIGNE, *Charles VI.*)

Prix : 50 centimes.

## Paris.

CHEZ G.-A. DENTU, IMPRIMEUR-LIBRAIRE,
rue de Bussi, n° 17;
ET PALAIS-ROYAL, GALERIE VITRÉE, n° 13.

1845.

AUX

# MINISTRES ANGLAIS.

7 septembre 1843.

On a vu quelquefois des hommes politiques,

Pour rester au timon des affaires publiques,

Quand leur âme glacée était pleine de peur,

Présenter à la foule un tranquille visage,

Et, sous un masque feint d'audace et de courage,

Faire parade d'un grand cœur.

S'ils ne parvenaient point à tromper tout le monde,

Le sage, qui perçait l'enveloppe profonde

Que, par respect humain, prenait leur lâcheté,

Souriait en disant : Il faut leur tenir compte

De ces semblants d'honneur ; car, peut-être, la honte

Est ce qu'ils avaient redouté !


Et l'on se contentait de l'hommage tacite

Qu'au courage rendait leur valeur hypocrite.

Cette fourbe, après tout, se laissait excuser.

Mais vous, hommes sans foi, ministres d'Angleterre,

Ce n'est pas en forçant votre peur à se taire

Que vous voulez nous abuser.


Non ! dans l'abîme obscur de ruse et de mensonge

Où votre politique incessamment se plonge,

Vous trouvez un nouveau moyen de déshonneur !

Vous osez, comme un autre affiche son courage,

Alors que rien au ciel ne fait craindre un orage,

Proclamer que vous avez peur !


Vous avez, pour servir une stupide haine,

Vous avez empêché que votre jeune Reine

Ne devînt, dans Paris, l'hôte de notre Roi !

Sa confiance en nous lui deviendrait fatale,

Sans doute ! Elle ne peut dans notre capitale

Se reposer sur notre foi !!!


Et c'est vous, nation maîtresse en félonie,

Qui nous osez ainsi jeter la calomnie !.....

Ah ! l'abîme du temps n'est pas assez profond

Pour qu'on ne sache pas à qui revient l'injure.

L'Europe encor n'a pas, ô cabinet parjure!

Oublié *le Bellérophon!*


Mais ce n'est pas cela qui vous mettait en peine,

Mylords! vous saviez bien que parmi nous, la Reine,

Aussi bien qu'à Windsor, au Parc, à la Cité,

Ne compromettait point sa personne royale,

Et que le vieil honneur de la France loyale

Répondait de sa sûreté.


Pourquoi donc empêcher la pauvre jeune femme

D'accomplir le dessein qu'elle avait en son âme?

Sur nos anciens griefs pourquoi venir encor

Jeter brutalement cette nouvelle offense?.....

Trop de précaution parfois est imprudence!

Ne dites rien : le lion dort!

C'est qu'à l'ombre du nom de votre Souveraine,

Imitateurs de Pitt, héritiers de sa haine,

Vous avez profité de cette occasion

Pour jeter, sans avoir à redouter de guerre,

Un ignoble soupçon, une injure grossière

  A notre grande nation !


Ce que vous avez craint c'est que, sur son passage,

Voyant ce peuple fort que votre bouche outrage,

La Reine dans son cœur ne se dît : « On nous ment !

« Ceux dont le fier dédain dans notre cour ravale

« La France, notre antique et puissante rivale,

  « Trompent leur Reine lâchement. »


Vous lui disiez, mylords : « La France est épuisée !

« L'insulter est pour vous désormais chose aisée !

« Elle n'a ni vaisseaux, ni canons, ni soldats !

« La gloire est un fantôme oublié ! La victoire

« La trahit ! Des hauts faits d'une brillante histoire

    « En France on ne se souvient pas ! »


Et vous disiez encor à votre jeune Reine :

« La France est devenue une sanglante arène

« En proie à la fureur de mille factions !

« Elle n'a rien gardé de sa splendeur passée :

« Reine, n'y songez plus : la France est effacée

    « De la liste des nations ! »


Et quand vous avez vu qu'en notre capitale,

De toutes nos grandeurs où le luxe s'étale,

Victoria venait, et verrait par ses yeux,

Vous avez craint, mylords (c'est votre seule excuse),

Qu'elle ne s'aperçût de la honteuse ruse

De vos discours calomnieux.


Parce que vous saviez que, dans une revue,

Le vainqueur de Toulouse offrirait à sa vue,

Dans notre Champs-de-Mars, plus de cent bataillons,

Intrépides soldats, brûlant d'entrer en plaine;

D'une solide armée aux regards d'une Reine

Formidables échantillons;


Vous craigniez qu'entendant le peuple, dans la rue,

Parler avec respect et d'une voix émue,

De l'effroyable mort d'un Prince idolâtré,

La Reine ne se prît à sentir quelque estime

Pour ce peuple qui sait d'un Prince magnanime

Aimer le souvenir sacré!

Voilà les vrais motifs de votre terreur feinte.

Je vous le dis ici, vous n'aviez qu'une crainte,

Robert Peel, Aberdeen ! C'est que Sa Majesté,

De tant de faussetés détruisant le fantôme,

Ne vous dît d'un ton sec, rentrée en son royaume :

« Messieurs, je sais la vérité ! »

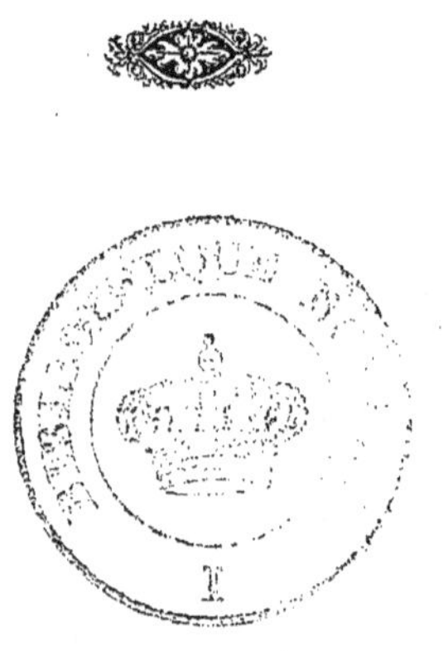

PARIS.—IMPRIMERIE DE G.-A. DENTU,
rue de Bussi, nº 17.